侃氏定理

作者：祝守文先生
主编：徐衍芬博士

De Fu Publishing

网站：www.defupublishing.com
电邮：info@defupublishing.com

《侃氏定理》

(Kan's Theorem)

作者:祝守文

版权所有,翻印必究

繁体版精装书国际书号 (ISBN):

978-1-922680-48-8

简体版精装书国际书号 (ISBN):

978-1-922680-45-7

繁体版平装书国际书号 (ISBN):

978-1-922680-44-0

简体版平装书国际书号 (ISBN):

978-1-922680-49-5

繁体版电子书 EPUB 格式国际书号 (ISBN):

978-1-922680-46-4

简体版电子书 EPUB 格式国际书号 (ISBN):

978-1-922680-47-1

出版: 德福出版社

2024年第1版

《伈氏定理》一书,名之由来,颇含深意。伈字之中,左边单立人寓主编徐氏之双立人,右部首则暗指作者祝氏。字之组合,宛如贤伉俪并肩同行,共赴智慧之旅。此书乃祝守文先生与徐衍芬博士数十年心血之结晶,汇天地之精华,探宇宙之奥秘。天人合一之理念,贯穿于字里行间,彰显着中华文化之博大精深。书中所载,皆乃深邃之哲理,光辉之思想,读之如饮甘露,心灵得以滋润。故以《伈氏定理》名之!

前 言

非常感谢德福出版社给我们悉尼老子学院出版《侃氏定理》的机会。《侃氏定理》是深刻反映天体本源奥秘和运行规律的定理，是高度概括老子《道德经》深邃的人生哲理及光辉思想的精辟之论。

《侃氏定理》乃天赐之智，借笔者之文墨流淌于书，非个人之力所及，故以文峰衍圣代之。文峰衍圣，这一称谓，犹如一道璀璨的虹桥，连接了自2009年10月老子学院诞生以来，所有对《道德经》哲理和人类延年益寿怀有不懈追求的贤哲之士。文峰衍圣的内涵，汇聚了四方英才的智慧，象征着人类在精气神的滋养下，和谐共生的美好愿景。

悉尼老子学院的首任院长王者悦教授，于2009年12月1日的院长就职典礼上，以深邃的洞察和崇高的敬意，将老子比作穿越千年时空的灯塔，恒久放射着和谐之光。正是在这光芒的照耀下，中华民族得以凝聚精神、壮大力量、持续发展。正如中国近代著名诗人闻一多诗云：谁告诉我戈壁的沉默和五岳的庄严？谁又告诉我泰山的石溜还滴着忍耐，大江黄河又流着和谐？悉尼老子学院的建立，正是为了将这份和谐流淌至太平洋、大西洋，直至全球的每一个角落，充分展现中华文化的无穷魅力，为全人类的平安与幸福而不懈努力。

　　王老的一生是博学多才、高风亮节、充满阳光的一生，他三次战胜了自身的病魔和癌症，这已成为佳话。同时，我们也要向老子学院学术委员会的全体同仁表达衷心的感谢，他们多年来对老子思想的深入钻研与不懈探索，为传承和谐之光做出了巨大贡献。此外，还要感谢各行各业的精英们，他们凭借善良朴实的心、执着坚定的信念以及对人类和谐之光的不懈追求，共同推动着老子上善若水理念的传承与发展，让老子的思想和光同尘，融入每一颗心灵。

　　社会的发展如同波澜壮阔的江河，不断交替上升，这正印证了老子所说的法于阴阳、合于术数的大宇宙观。天人合一的光辉思想，观天之道、执天之行的智慧，提纲挈领、执一统众的领导力，都是推动社会发展的原动力。让我们在老子思想的指引下，共同迈向更加美好的未来！

徐衍芬博士

序言

祝守文先生，出身于中医世家，自幼便浸润在中国传统文化的深厚底蕴之中。他与古哲老子心相印，对《道德经》毕生怀揣深挚的热爱。自童稚起，那份情愫始终如初，未曾稍离。岁月流转，世事纷扰，他却能在红尘中始终保持心如止水，从《道德经》中领悟生命的真谛。悠悠人生路，他心灵的意象中一直与老子并肩前行，共赴那未知的智慧天地，继续探寻真理的奥妙。这部经典之作，不仅深深烙印在中国的古文化脉络中，更是中国宇宙学的璀璨瑰宝。

宇宙学，是一门探索宇宙奥秘、追寻天地之源的学问，它与天文学相关联，但侧重于研究宇宙、太阳系、地球及月球之起源的奥秘。有人说，宇宙学是一门试图解释宇宙物理观测结果的科学，它用理性的光芒照亮未知的黑暗；亦有人说，宇宙学是哲学的天地，它用智慧的翅膀翱翔在想象的海洋。而祝守文先生，便是这天地间的行者，他跨越科学与哲学的鸿沟，将创世神话、物理学、形而上学、宗教神学与哲学思想熔于一炉，锻造出属于自己独特的宇宙观。

老子的哲学，如同一条流淌不息的河流，滋养着华夏儿女的心灵。它倡导人与人之间的共鸣，让心灵在和谐与和平的旋律中舞动。这种共鸣，源于一种被称为"道"的宇宙力量，它既是创造力的源泉，又是万物相互联系的纽带。与"道"的能量或力量保持一致，人们便能感受到内心的和谐与满足；反之，则如同逆水行舟，困难重重，挫折连连。

而本书，正是祝守文先生多年来对老子哲学思想的沉思、冥想、领悟与启示的结晶。它如同一颗璀璨的明珠，镶嵌在中华文化的瑰宝之中。书中蕴含着对宇宙学和人生哲学的独到见解，是对相关文献的原创性贡献。它如同一座桥梁，连接着古代与现代，东方与西方，让人们在阅读中感受到老子哲学的深邃与博大。

Dr Cheang Khoo（邱章博士）

目录

引子

天有多大，舞台就有多大……………………………… 1

宇宙起源概论………………………………………… 2

天人合一之天体静态图………………………………… 3

天人合一之天体动态图………………………………… 4

第一篇

侃氏定理：天体时间与空间之探索……………… 7

第一节 词排解 ……………………………… 8

第二节 大宇宙含解 ………………………… 9

第三节 侃氏定理数字解 …………………… 10

第二篇

侃氏定理：大宇宙天体概述与生成之谜………… 13

第一节 天体与尘菌 ………………………… 14

第二节 引子——释空，释天，释尘菌生成 …… 15

第三篇
侃氏定理：天体演绎与宇宙力量之道 …………… 17
第一节 天体生成 …………………………………… 18
第二节 吸星之大法，吐纳之神功 ………………… 19
第三节 光子、质子、量子的产生 ………………… 20
第四节 三神圣横空出世 …………………………… 21
第五节 三圣编制九宫八卦及太极混元功 ………… 22
第六节 无量天尊生成之解密 ……………………… 24

第四篇
侃氏定理：太合系形成与天体区域划分 ………… 27
第一节 上帝编织新概念 …………………………… 28
第二节 新宇宙之太合系 …………………………… 29
第三节 新宇宙布局 ………………………………… 31
第四节 太合系布局之天人合一 …………………… 32
第五节 定义太合体与星球布局 …………………… 33
第六节 万有引力与九宫八卦太极天体结构 ……… 34
第七节 吐故纳新与阴阳眼：
万有引力的平衡之道 ……………………………… 35
第八节 太合系形成概述 …………………………… 36
第九节 上帝造太合系及三颗主体星球概述 ……… 37
第十节 太合系的万有引力 ………………………… 38

第五篇

侃氏定理：上下五千年，冰火九重天之宇宙变迁 … 41

第一节 太合系形成太阳系 … 42

第二节 三球概述 … 44

第三节 上帝之光与黑白两道的意义 … 45

第四节 地平线详解 … 47

第五节 地球的天地合 … 48

第六节 天地静态图 … 49

第六篇

侃氏定理：上帝造人类与天人合一之律 … 51

第一节 上帝给人类定规 … 52

第二节 人类欲望之殇 … 54

第三节 生态失衡与上帝再造 … 56

第七篇

侃氏定理：人类重生与法律规定之智慧 … 59

第一节 上帝造人施五道，天人合一精气神 … 60

第二节 上帝给人类划分区域、规则和时间 … 61

第三节 上帝给人类优厚条件 … 62

第四节 上帝造物与三圣施法：
地球生命与先知之起源 … 64

第五节 人类的母爱 …………………………………… 65
第六节 上帝设规惩恶，人类守律享福 ………… 66
第七节 上帝用天火试探，人类产生欲望 ………… 68
第八节 天人合一与道法自然的宇宙法则 ………… 70
第九节 启蒙篇 …………………………………… 72
第十节 寻找生命本源，建成康养之地 ………… 73

第八篇
侃氏定理：人类长寿之道与母爱之伟大 ………… 77
第一节 追寻母爱 ………………………………… 78
第二节 母亲的爱是伟大的 ……………………… 80
第三节 母爱是人类社会发展的光环 …………… 82
第四节 守护健康，感恩生命之源 ……………… 85
第五节 神光普照，胎息回春——颂扬上帝之爱 … 86

结束语 ……………………………………………… 88
老子学院成立花絮 ………………………………… 90

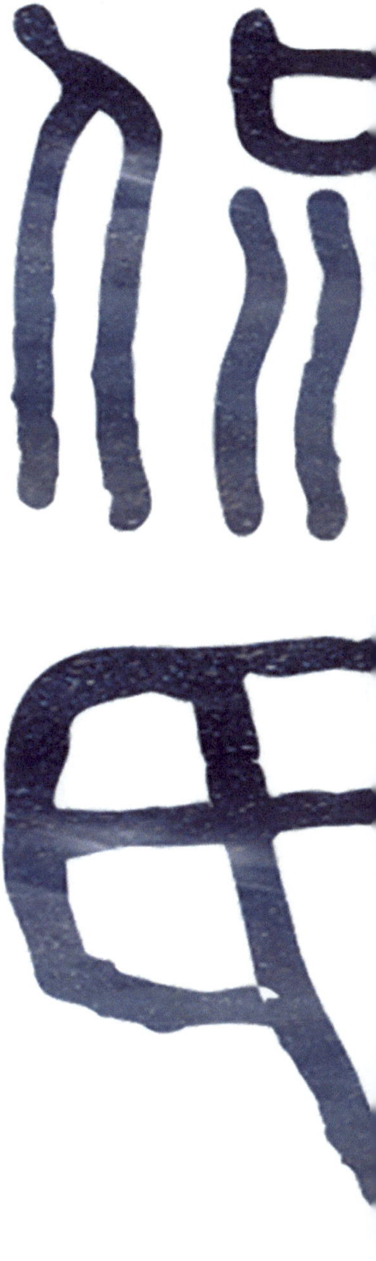

引 子

天有多大，舞台就有多大

宇宙起源概论

天体生于无，静默亿万年的天体，在沉寂中已长满尘菌，尘菌摩擦产生火花，引起大爆炸，产生暗物质、暗能量，由是大宇宙形成。

河图洛书，天干地支，天规指引，侃氏定理
为君掌上排九宫，初一、十五在其中
世人要懂其中理，天地都在一掌中

天人合一之天体静态图

　　天体静态图也是大宇宙的九宫八卦图，即太虚磁悬浮万有引力、暗物质、暗能量之真空定位图。

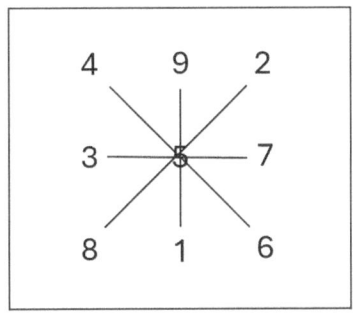

　　图解：
　　1、零是代表空间（空白处皆为零），数字一至九代表时间。
　　2、时空上下为宇，古往今来为宙。
　　3、时空中包含二仪、三才、四相、五行、六气、七星、八卦、九宫。
　　4、每一条线的数字相加均为15，此即隐喻15为真空平衡术。

天人合一之天体动态图

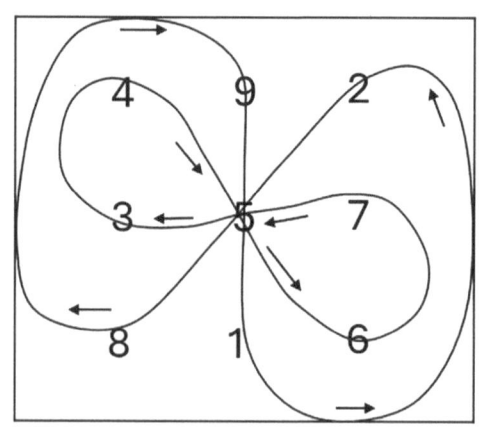

图解：

1、零为四框，代表空间，1至9代表时间，中间的5亦代表阴阳太极的中心点。

2、该图包含多重元素与含义：太虚磁悬浮，万有引力，暗物质，暗能量，阴阳旋转，万物生成。

第壹篇

侃氏定理：
天体时间与空间之探索

第一节 词排解

千均霹雳开新宇，
无量太墟已生成，
阴阳造就乾坤界，
核磁共震混元功，
尘菌随风质子精，
冷热太极量子气，
磁波场电光子神，
三圣道冲合天尊。

第二节 大宇宙含解

暗物质是阴，是时间，
暗能量是阳，是空间，
万物负阴而抱阳，冲气以为和，
是万有引力，阴阳太极是大宇宙。

第三节 侃氏定理数字解

无是零，是空，是无量。尘菌生与无，生于空，生于天始。

当尘菌生满无量的天体时，空间拥挤，产生摩擦，相互碰撞，产生火花，瞬间天体互动产生大爆炸，定为天始之时。

天体大爆炸产生的磁波场电，气浪静电等等，开始循环爆炸，反复碰撞，重新集结，产生的粉尘集结体为暗物质。

天体大爆炸的瞬间产生的磁波场电，静电集结，反复碰撞逐渐增大。碰撞中产生的电闪雷鸣称光子。在碰撞中冷热结合，阴阳太极的旋转产生的雾气称量子。在碰撞中，以太极摩擦旋转中，随风而行，百战不殆的存活菌为质子。以上总称暗能量。

满天的暗能量由三种能量体组成：质子、量子、光子。离瞬间爆炸最早最近的暗能量称为三圣。

质子是梳机，是精，是质圣；量子是生机，是气，是量圣；光子是梭机，是神，是光圣。

天体的一切物质都生活在精气神中，三圣合为一体，名为无量天尊。

　　三圣创造黑白两道，产生混元一世功法。施太极旋转之功，造就阴阳、黑白两道。黑道为引力道，白道为能量道，行吞吐之法。三圣行功法，借助黑白两道实行道冲，冲至天顶台，合为一体，名为无量天尊。

第贰篇

侃氏定理：
大宇宙天体概述与生成之谜

第一节 天体与尘菌

无，天体无量，无形无状。
空，空即是色，色即是空。
静，悟空常静，宁静致远。
长，长无长空，长静长生。
生，尘菌生成，遍布太空。

太虚演义实如《道德经》第二章所言：有无相生，难易相成，长短相形，高下相倾，音声相和，前后相随，恒也。是以圣人处无为之事，行不言之教。

第二节 引子——释空,释天,释尘菌生成

路漫漫兮其修远
黑蒙蒙兮玄之玄
天始之时尘菌生
横空出世太虚成

第叁篇

侃氏定理：
天体演绎与宇宙力量之道

第一节 天体生成

在天始时,一片宁静,一片漆黑,天空无状,无边无量,静兮以致远,黑兮漫无边,本来无一物,何处惹尘埃?

就是在这无量无状尘菌生成的情况下,瞬间二毫尘菌,似孔如气,如雾里看花,虽毫发无见,却碰撞生法。法于阴阳,合于术数。尘菌碰撞,生电生花,电花纠缠,生术生法,尘菌之功,天体爆炸。爆生静电,菌粉集结,无形无状。无疆无界,合抱之术,生于毫末,天体初成,阴阳结合。

第二节 吸星之大法，吐纳之神功

　　菌是万有的，也是万能的。菌是漂浮物，也是精源体。在物体生成的漫长过程中，使无量的尘菌经过核爆碰撞，产生磁波场电，正负纠缠，产生静电，使万有万能的尘菌，集结、分裂、再集结、再分裂，直至形成谷渊、星体。庞大的天体中有众多形成的星体，叫暗物质。中空带有三种不同能量的形成。

第三节 光子、质子、量子的产生

　　第一种无量菌源体，在暗物质相互碰撞中，百战不殆，毫发无伤，随风起舞，站在风口浪尖之上。独立而不改，周行而不殆，在碰撞中随风逐流，存活的尘菌是质子，也是精。

　　第二种是在暗物质激烈的碰撞中产生的磁波场电，经过爆炸产生的气浪，冷热结合的气体，光雾辉映，阴阳调理，形成气体，是量子，也是气。

　　第三种是在暗物质的相互碰撞中，瞬间爆炸，产生的磁波场电，核磁共振，长波短波，电闪雷鸣，是光子，亦是神。

第四节 三神圣横空出世

质子、量子、光子，作为天体中的精、气、神，在无量天体的运行中起到了重要的作用。它们维持了阴阳太极的平衡，旋转稳定天体并实现磁悬浮，同时还调和了万有引力中暗能量的阴阳关系，发挥了真空调理的作用。因此，天体形成后，不再激烈碰撞，而是稳定地朝同一方向运转。这三者，即质圣、量圣、光圣，是天体中拥有强大势力的三圣，它们是在几十亿年的争斗中形成的无量体。到了这时，这三圣已经拥有了惊世骇俗的记忆力和生殖力，同时还具备了枢理万机万物的计算系统。

质子是精，是枢机；量子是气，是生机；光子是神，是梭机。精气神是天体中暗能量的本源。

第五节 三圣编制九宫八卦及太极混元功

在浩瀚的宇宙中，天体蕴含着精气神，孕育出行阴行阳之深奥法则。这些法则与阴阳相契合，遵循着术数的规律。在漫长的亿万年争斗与演化中，智慧的生命体逐渐领悟并创造了无量算法、九宫八卦、太极合成以及网络编织等精妙功法。

其中，九宫八卦与太极合成之法尤为引人瞩目。它们不仅是对宇宙阴阳变化规律的深刻洞察，更是对暗能量运用的一种至高境界。当大宇宙的暗能量被巧妙编制成九宫八卦与太极合成之功法时，一股磅礴而神秘的混元之力便应运而生。

这股混元功法，既是对宇宙法则的深刻诠释，也是生命体与自然和谐共生的智慧结晶。它融合了天地间的阴阳之气，汇聚了宇宙间的精华能量，成为了一种至高无上的修炼法门。

通过修炼九宫八卦与太极混元功法，生命体不仅能够增强自身的精气神，更能够领悟宇宙的真谛，达到与自然合一的境界。这种功法的存在，不仅展示了宇宙生命的智慧与创造力，也为探寻宇宙奥秘、实现生命升华提供了宝贵的启示。

第六节 无量天尊生成之解密

《道德经》第十四章云：视而不见名曰夷，听之不闻名曰希，搏之不得名曰微。此三者不可致诘，故混而为一。其上不皎，其下不昧，绳绳兮不可名，复归于无物。是谓无状之状，无物之象。是为恍惚。迎之不见其首，随之不见其后。执古之道，以御今之有。能知古始，是谓道纪。

　　这时的质子称质圣，量子称量圣，光子称光圣。三圣用意念中的阴阳太极之法，先在太空中造就两只黑白天眼。白眼是能量眼，为阳；黑眼为引力眼，为阴，也称黑白两道。目的是三圣道冲时，将黑白两道用于阴阳太极之法，黑道负责吸引上空的各种阻力，白道负责生起助推三圣上升力度。三圣用助冲器形成混元一世功法，三股合为一股实行道冲，冲至天顶台。质子是枢机，量子是生机，光子是梭机。三圣用精气神网络编织组成复合体，天尊现身，自称无量天尊。天尊名源宇宙，定为太虚界，俗称大宇宙。

第肆篇

侃氏定理：
太合系形成与天体区域划分

第一节 上帝编织新概念

　　天尊巡视太空，忽觉杂乱无章。又以尊体的暗能量，形成混元一式功法，将天体稳定成顺势旋转、稳固的太虚界。定义为太虚磁悬浮，万有引力暗物质，暗能量的真空漂浮法。用黑白天眼的太极之法，进行护卫，使其稳固地按轨道进行旋转，漂浮于太虚界。

　　海明威说过："不要被地平线遮住了你的双眼，你要举步，它就向前；你要登高，它就向远发展。"尊主稳固了太虚界，又在意念中，编织出一个全新的概念，决定建设出一个有逻辑思维的新天地。利用太虚界的暗物质与暗能量，用最精确的算法，和全息思维，建立一个万有的新宇宙——太合系。太合系是以数字为基础打造的九宫八卦太极图。

第二节 新宇宙之太合系

古语曰：数字之法，打不开九连环，解不了其中意。

零是太和系，天体。

一是上帝，是造物主，是无量天尊。

二是阴阳，是黑白两道，是太极。

三是三体，太阳、月亮、地球，是质子、量子、光子，是天地人，是天人合一。

四是四柱，代表四海，也是360颗相生相克、相互影响的万有引力星辰。

五是五行，包括木、火、土、金、水，它们在北极上空与五气柱相应对照。随着季节的更替，五气柱会进行轮换，从而影响时间流转，体现了五行之间相生相克的法则。

六是六窑，象征着天之角和六地标，它演示了轮回之法，指引着经天纬地之术。同时，它也代表着圆周率的360°，象征着完整的循环与回归。

七是七大洲，七星定位，定律，定音，

定时，定情，定色，定法。

八是八卦，阴阳大法，万世轮回，放射至九重天，破解万物之法。

九是九宫格，九连环，九转轮回，九九归一。

第三节 新宇宙布局

造物主安排好太虚界，开始打造太合界，使其成为一个有来有往，有物有体，有阴有阳，有冷有热，有法有术，有章有节，有天有地，有山有河，既有活体，又有物体的有无相生，音声相合，高下相盈，前后相随的太合界。

有太合界的全布局，有新宇宙的再生体，有太虚界的质量光，也有新纪元的复活史。

总体而言，上帝是以数字和阴阳太极之法造太合界。

第四节 太合系布局之天人合一

《道德经》第七章云：天长地久。天地所以能长且久者，以其不自生，故能长生。是以圣人后其身而身先，外其身而身存。非以其无私邪？故能成其私。。

造物主选择在太虚界中部造太合界，布局为天人合一的网络编织的九宫八卦太极图，为五体同道的再生法。

第五节 定义太合体与星球布局

定太合体为太合磁悬浮，万有引力，暗物质，暗能量，阴阳旋转，斗转星移真空定位法。

主体系统为三颗主星：造时名太合球，是零度无温，复活后称太阳；造时名太极球，零度无温，复活后称地球；造时名太阴球，零度无温，复活后为月亮。月亮小于地球，是地球卫星。因此，三者主要功能互相配合，异体同功。地球为阳，生命体；月亮为阴，吸收加回光反照体，合而为1.5数。三颗星均为内部核心，为九宫八卦太极体。太合天体也为九宫八卦太极主体。

地球复活后，人体内也为九宫八卦太极体，名为五体同道，五气同源。天人合一，群星护卫。

另外七颗星球为木、火、土、金、水、天王星、海王星。共为十颗，上帝名为九五之尊。

实乃施五行之术，行八卦之法，撑天地脊梁，固定海神针。

第六节 万有引力
与九宫八卦太极天体结构

整个宇宙可被构想为一个巨大的九宫八卦太极图案，其中360个主要星球构成了这一图案的核心部分。这些星球按照特定的规律和顺序排列，形成了宇宙的基本结构。

这一天体结构是一个以九宫八卦太极为模型建造的"四九城"。在这个模型中，共有360颗主要星球，它们被分为四组，每组90颗，形成四柱。每柱又被细分为九层，每层包含十颗星球。这样的结构不仅体现了宇宙的和谐与平衡，也揭示了万有引力在其中所起的关键作用。

除了这360颗主要星球外，宇宙中还有亿万繁星作为辅佐星球，它们虽然不如主要星球那样显眼，但同样在维持宇宙的稳定和运行中发挥着不可或缺的作用。这些繁星与主要星球共同构成了一个庞大而复杂的宇宙系统，展现了万有引力与天体结构之间的深刻联系。

第七节 吐故纳新与阴阳眼：
万有引力的平衡之道

在宇宙的大舞台上，阴阳眼象征着一种神秘而强大的力量，它如同上帝之眼一般，监管着太合系的暗物质与暗能量。

阴阳眼由黑白两眼构成，黑色代表引力眼，白色代表能量眼。这两只眼睛以阴阳太极的旋律相互协调，共同维持着宇宙的平衡。引力眼负责吸引和聚集物质，而能量眼则负责释放和传递能量。通过这种相生相克的关系，阴阳眼在宇宙中发挥着至关重要的作用。

吐故纳新是阴阳眼调节宇宙平衡的重要手段。它利用混元功法，将太合系中的无用物质引出，同时植入有用的暗能量。这一过程就像人体的新陈代谢一样，不断清除废物，吸收新鲜养分，使宇宙保持活力和平衡。

通过吐故纳新与阴阳眼的相互作用，万有引力在宇宙中得到了有效的平衡和调节。这种平衡不仅体现在物质层面，更体现在能量层面，使宇宙得以持续、稳定地运转。

第八节 太合系形成概述

在五体复活、天人合一的过程中，经过了上下五千年、上下五千米、上下五千度的光照射、核反射。上帝用混元一世功的阴阳旋转、冷热结合、天崩地裂、精气神生的九宫八卦、太极功法实行道冲，太合系形成。

造物主让光圣主命太合球运作，让量圣主命太极球运作，让质圣主命太阴球运作。

第九节 上帝造太合系
及三颗主体星球概述

　　太合球是用光亮晶体钻石打造，植入九宫八卦太极体。太极球是在核心部为太合磁原子核打造，引力固定能量，稳定指数都是精算到了极致才完成的。中间部为强度矿物质所造，外部为预备役矿物质。统一为九宫八卦太极核心。

　　太阴球是坚硬金属材质，核心部为九宫阁，是坚硬的青铜矿体。球体核心部位，阴阳太极旋转，反光照射，吸潮施恩于人类之法。行吸收地球界之亡灵，经过教化后又将投送地球，世代轮回，行回光返照，肝胆相依。阴阳结合，收放大法。

第十节 太合系的万有引力

在地球球核部位的核裂变促使温度升至五千度，上帝用黑洞的引力把温度调出地表，用白道的能量实行道冲，冲至太合球表面，包裹外围，温度留在太合球表面，复活后为太阳，温度在五千度以上。

太阳为太阳系的中心点，为无极。太阳周围核裂变，为永恒裂变，起光合作用。黑白二气转换为阴阳二气，阳气围绕太阳内圈，阴气围绕阳气外圈，形成太极。阳气为热气圈，阴气为冷气圈，处于外围。无极与太极形成万有引力，稳固旋转，相生相克。太阳系内的星体都围绕太阳随阴阳二气稳固旋转。

地球球核产生裂变，最高温度在冰川季结束后，上帝规定以适合的温度调出地表面，因此供给地球万物的是最佳温度。地球适合万物生长，这是永恒的。

第伍篇

倪氏定理：
上下五千年，冰火九重天
之宇宙变迁

第一节 太合系形成太阳系

在漫长的岁月中，造物主已将太合系整个天体完美无误地安排得恰到好处，开始实施天体的复活再生运作。先启动阴阳法轮盘，将三球的九宫八卦太极之法完整无误地调整到最佳状态。将太合球光圣的磁波场电、光线照射，穿透到太极球量圣的原子能核心部位。

经过长时间的光波穿透，调出太极球之核子的反应。在阴阳旋转的长期运行中，将核心能源进行太极旋转、阴阳摩擦，产生电子，产生热能。一点点电子火花逐渐增大，用低温度升到球表时遇到零温度，产生阴阳结合，先为雾体，结霜，结冰，冰层增厚，散布在球表面。

年复一年，上帝把温度调到最佳状态。冰层一层一层增至5千米时，刚好5000年从地下五千米处开始调整温度。球核部反应堆温度已增至5000度以上。上帝与三圣同时运行混元功法，将原子核的热能量调至地球表处，实行道冲，冲破冰层，冲入太空，冲到太合球表处，围满太合球。球外温度也直接升为5000多度以上。

太合球复活，称太阳。这就是七窍开，混沌死，太阳、地球、月亮复活，冰山季结束，地球现七大洲、四大洋。

第二节 三球概述

名为上下五千年，上下5千米，上下5千度，实乃上下五千年，冰火九重天。

地球复活，5千度调至太合球表称太阳，太阳光照射到太阴球，球复活为月亮，月亮行回光返照、阴阳太极之法，为地球服务。

第三节 上帝之光与黑白两道的意义

上帝在地球旋转的中部，画上两道线，一条白线，一条黑线。白线以上为昼，是能量线，为阳；黑线以下为夜，是引力线，为阴。黑白两道称地平线，是上帝之光。无论地球怎样转动，黑白两道是永远平衡的。

上帝把地球复活时反射到太阳的温度，留在了太阳表面，在5000度以上，称上帝之光。地球复活后，上帝之光把地球核心部位的温度调出，行光合之法，调至地球表面，此时在25度左右，适合人类和万物的生长。而在直射地区，则温度较高。

为什么画黑白两道？这是上帝为了人类能够有更好的生存条件，让人类和万物在白天释放能量，在夜晚让人类和万物能够吸收回白天放出的能量，因此就安排人类在夜晚来进行调息，重新储存能量，能更好地生长。

上帝又让月光和星光对地球进行回光返照，吸引海潮的潮起朝落，行地球和月亮的平衡之法，和相生相克之术。同时在万物休整时，在人类和万物不知情的情况下，通过睡眠送给人类精子，为人类发展服务。俗称花前月下，送子观音，就是通过休息来长精气神。

　　这是上帝对人类和万物特殊的恩赐，是上帝之光对地球生物无时无刻的关爱。

第四节 地平线详解

地平线是永恒的，白是白，黑是黑。上帝之光是永恒的，定点定位照射。地球有太极旋转之法，分东南西北中。由木、火、土、金、水，直接和地球北极上空五颗气柱对接，换气、换季、换节、换时。地球转至木星、北极上空时为春季，共72天；至火星为夏，72天；至土星为秋，72天；至金星为中秋，72天；至水星为冬天，72天，共360天，称五行。太阳与地球的光合作用，梳理万物生长的圆周率，天之角，360°，万有引力的相生相克之法。

第五节 地球的天地合

正所谓:
地球已重生,七洲四海行。
1窑4个6,乘6天之角。
五星行五气,北斗围七星。
空间与时间,万物从始生。
上帝预定位,法通天地经。
斗转星移时,乾坤九方正。
山川与河流,南极通北冰。
世间分区域,法到自然成。

第六节 天地静态图

此乃定时，定位，定调，定音，定色，定情，定术，定法，之九宫八卦太极的天人合一之法。

数术法，每条线为15。天人合一，静态法则，中间为太极，即无极。

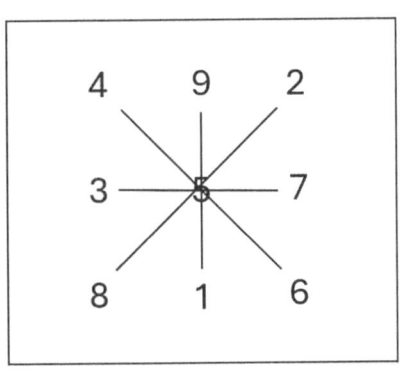

第陆篇

侃氏定理：
上帝造人类与天人合一之律

第一节 上帝给人类定规

提纲挈领，执一统众，观天之道，执天之行。

既已划分明确，还需政令统一，上帝把月精、地气、日神，合为物，合为人，合为兽，合为神，合为鱼鳖虾蟹，合为龙子龙孙。上帝让九五之尊的天王星管理太阳系，让海王星做为龙王爷管理地界，上下分开，各不打扰，从此上界星球加龙王爷是永恒的神。因为龙是神息，是永生的，是海王星的化身。

那时的万物都是在地球复活后，质圣把精子洒在山川河流、海洋的各个部位，地球用能量接收各种不同的精源体，由光圣照射实行光合作用。质圣是枢机，量圣是生机，光圣是梭机。他们综合编织出几十万种再生体，遍布在五大洲四大洋。那时的各物种是自由生长的，只有龟类是龟息，可活万年，其他不等。

人类是上帝精心打造的，模仿上帝自身体态来打造人类。人类是上帝的子民，是三圣的传人。关于造人程序，上帝是按一方水土养一方人，由质圣把精子洒在河流边，让量圣来接收，光圣来助生，分布在东西南北四方位。

第二节 人类欲望之殇

　　自从人类横空出世以后，看到万物在周围生长，野兽在丛林中竞争，鱼翔浅底，鹰击长空，万类霜天竞自由。人类的头脑是复杂而聪明的，上帝把九宫八卦太极术早已植入人类大脑，可以与时俱进，与事共舞。物种的疯狂生长，野兽的激烈打斗，弱肉强食的丛林法则，逐渐地让人类产生了幻觉，产生了欲望。

　　上帝造人时，让人类和龟类的呼吸都定为龟息，行吐纳呼吸法。每天多吸收些空气和水中的能量，即可与龟同寿，都可活八千至一万年。可天火在林中烧起，烧熟了飞禽走兽，肉香味扑鼻而来，打开了人类胃口。果类的四季成熟，吃伤了人类的血液；人类吃鱼虾过多，吃软了人类的骨头……林林总总，长长久久，人类开始生病，精气神逐渐减少，生命力开始下降。

　　皆因欲望的促使，人类开始不守规矩，开始打斗，开始争地盘，开始抢夺金银珠宝，开始洗劫其他人类，战胜方将失败方沦为奴隶。欲望炽烈、贪婪无度、战争肆虐，使得整个世界笼罩在冰冷的寒意之中。人已至此，何况天乎？

第三节 生态失衡与上帝再造

因为老天最在意的东西，都被人类给破坏了，上帝一时怒起，遂与龙王爷联手，引发了一场浩渺无垠的大洪水。随后，让观音菩萨用净瓶把人类的灵魂收进去，放到月宫的九宫阁内，进行教化，以备随时启用。这个时期大约历经了万年的沧桑。

大约过了十亿年，上帝又使三圣造了一批飞天恐龙，长达2亿年之久。孰料恐龙又重蹈覆辙，竞相格斗，令天何以堪，上帝遂使龙王把它们驱入了地宫。

又过了十几亿年，上帝重新造了一代恐龙，反正左右都是闲着，就让地球也多点承受能力吧。这个过程大约持续了三万年，直至地球实在不堪承受，最后只能让龙王把它们再度放到地宫里，变成了能源。

第柒篇

侃氏定理：
人类重生与法律规定之智慧

第一节 上帝造人施五道，
　　　天人合一精气神

在长达近三十万年的规划和设计过程中，上帝对人类进行了精细的塑造和限制。他规定了人类的地域、时间、肤色、语言、味觉、色彩和气候，以确保人类能够在地上快乐地生活，并只听从上帝和三圣的呼唤。

为了实现这一目标，上帝让三圣化作能量，让人类生活在精气神中。这使得人类的身体具备了三才之能，即能够与自然界的太阳、地球、月亮以及天体相互呼应。同时，上帝还向人类体内注入了九宫八卦太极功能，使人类能够与自然界的五行相生、五气同源、五脏轮转之术相协调。

通过这种天人合一的方式，人类得以与自然界融为一体，感受到宇宙的韵律和节奏。他们能够在精气神的滋养下，发挥出自己最大的潜能，实现自身的价值和意义。因此，我们可以说，上帝造人施五道，不仅是对人类的精心塑造和限制，更是对人类与自然界和谐共生的一种深刻体现。

第二节 上帝给人类划分区域、规则和时间

上帝将地球重新划分，以昆仑山金字塔为中心点，以圆周率的形式分别建立地标，以6666公里为间距，设于六处。

其中昆仑山金字塔群为主宫，埃及金字塔为迷宫，百慕大海底为龙宫（水晶宫），此为三宫。另外，北极上空5气柱，英国巨石阵，美洲魔石阵，此为三标。共计4万公里，合称六尧。毛泽东有首诗亦与此相应：坐地日行八万里，巡天遥看一千河。

上帝制定地球为园形球体，永续自转，一圈为一天，360天为一年，有白有黑，有昼有夜，天地精髓，赐予人类，白天释放，夜晚储锐，吐纳神功，胎息母爱。

第三节 上帝给人类优厚条件

　　如果要让人类和万物健康生存，必须黑白分明，有昼有夜。上帝在地球中部画了两条横杠，也就是两条线。一条为白线，在地表以上，为昼为阳；一条为黑线，在地表以下，为黑为阴。太阳远远大于地球，光束瞬间就可以从太阳照射到地球，全方位照射地球。地球背面为光环区域，如不分昼夜，必将对生物体有一定影响。上帝用地平线，为地球万物提供了生长的最佳条件。黑线与白线是上帝的阴阳太极旋转之法，平衡与稳定天体各星球的万有引力，也是相生相克的太合磁悬浮星球定位法则。

　　什么是光？光是放射线，是磁波场电，微波，短波核磁共振。光可穿透一切事物，只要它想。但上帝为了让人类有调理生机、健康长寿的生活条件，特制黑白两道，上下平和。

　　太阳表面的温度是上帝让太阳光照射地球和万物，地球核的原子能量反射的结果。阳光照射调出地球体内温度，地表之上500米处为地球的平均温度，500米以上则逐渐减温。

木火土金水五星联通北极上空的五根通天气柱，从木星开始为第1期，地球巡回转动72日为一气。五星接五气，春夏秋中秋冬，五节气侯共一年。五气柱为五季，气侯调出地球表面温度。五星指示和调理地球一切有用物质，称五行。

第四节 上帝造物与三圣施法：
地球生命与先知之起源

　　上帝让质圣（月亮）撒精到量圣（地球）处，让光圣（太阳）照射地球升温。三圣施法，天人合一，产生先知，即先人（仙人）。白道是能量线，为阳，为昼，是地球温度逐渐上升的时候。白天与白道相融和，为球表适应温度，早晨可看到水蒸气，调合气也是地平线。黑道是引力线，为阴，为夜。

　　造物主划界黑与白，规定太阳不在地球背面发光，用黑道来控制地球夜晚，白道放送暗能量，让月光星光对有生命的物种进行回光返照，使各物种和生命体在不被打搅的情况下，接收到月亮星光的暗能量和精源体。此即人类俗称"花前月下"、"送子观音"的缘由。一切兽类，水族类，飞禽类，皆有精与气。

　　上帝是人类的主，人类是上帝的子民，人类是三圣的传人。上帝命三圣，造了360对先知，又命观音给这360对男女传授孕育法规。男女结合，互敬互爱，采阴补阳，人类由是繁衍。

第五节 人类的母爱

　　混沌生成，婴儿坐胎，脐带通盘，精气神血，启动本源，本命元神，母爱生子，上帝再现，无量天尊。

　　什么是上帝之光？上帝之光是母爱，母是生成，爱是延续，母爱是人类社会发展的光环。上帝既造先知，又让先知们相爱生子，让人类世世代代传宗接代，地球永不毁灭，人类永远存在，自己管理自己，生命长短由人类自行控制。

　　鉴于上古人类的发展史，上帝为了引导人类重生，他会赋予人类各种警示与规定。这些规定以七律、七音、七色、七情、七规、七法为基础，通过黑白、阴阳的太极调和来达成平衡。

第六节 上帝设规惩恶，人类守律享福

　　上帝为人类设定了明确的行为规范，并规定若违反这些规定，将采用减寿法作为惩罚。在上帝的设计中，先知们被赋予了特殊使命，他们的寿命可长达八千至一万年，与龟类相似，拥有长寿而无欲的特性。

　　然而，上帝也允许人类和龟类拥有一定的欲望，但必须在法令的约束下行动。精气神作为天体、人体、地球之间的生命线，对于生命的维系至关重要。上古时期的人类，依靠神息的力量，本可享有永生。然而，过度的欲望却导致了他们的毁灭。

　　为了避免重蹈覆辙，上帝让先知们将上古人类的经历传承下去。因此，在这新一轮的生命轮回中，人类变得非常节欲和自律。他们居住在原始部落中，讲述着神话传说，使用着独特的方言，传承着天地的规矩。他们的饮食来自大自然的恩赐，采用龟息之法以养生，彼此间充满恩爱之情，传承着太极之道。

在这个原始的世界里，人类遵循着天地之间的规律，生活在上帝赐予的地球上。他们欢天喜地，享受着大自然的馈赠，如同莺歌燕舞般自在快乐。作为上帝的子民，他们深知只有遵守上帝的规定，才能享有长久的幸福与安宁。

第七节 上帝用天火试探，人类产生欲望

　　一场天火，烧毁了森林。烧焦了鸟兽，烧烫了鱼塘，烧出了食欲。人类在这次天火中，闻到了肉香、鱼香、鸟香，打开了吃食的胃口，拓展了人类的视线。从原始部落的起源开始，向广阔的地平线发展，从洞居、群居到棚户区，发展到一家一户，有了自家的生育法、生活法、分配法、教育法、流程法、精算法。社会不断发展，欲望不断产生，甚至发生战争掠夺。吃喝吃坏了人类的胃口，战争厮杀减少了人口的增加。欲望的产生，思维的增加，逐渐使原有的部落演变为社会，原有的族长成为了皇上。

　　上帝原本的规定是一方水土养一方人，现在是成王败寇，八方人群聚居一块繁华土地，四大部洲各有色人种也都开始杂居共处。社会是发展了，人类也更加聪明了，同时欲望也更加无止境了。部落的先知研究的是人文地理、星象天体、宇宙时空、风雨雷电、天人合一、九宫八卦、阴阳太极、

乾坤大法。现在的地理位置，已被强人占领，几无空间矣。一方水土养一方人的原生态，已被人类不断的扩展、战争、掠夺所破坏。社会发展到今天，连科学都在为战争服务，甚至为减少人类做贡献。

朴实的人们尝尽了甜头，更是尝尽了辛酸，却一步步忘记了上帝的教诲。从无欲无望、龟寿龟息，变成欲望上涨、寿命削减。从原本设定的一万年之寿命，逐渐改成了八千，改成了六千……历经二十万年的光景后，人类最长寿命只剩二千，再不改过则寿命减半，再不改过则寿命又减半……人们已经开始忏悔，并写出了真经传世。

上帝给人类立下的规矩，却被千百代人忘得一干二净。上帝给人类的时间不多了，现代人的平均寿命，发达国家的人口只有80多岁，落后国家的人口则只有40多岁。与亚当夏娃时代相比，不啻霄壤之别。

第八节 天人合一
与道法自然的宇宙法则

道德经第25章，以深邃的笔触描绘了太虚界的奥秘。这一章的前八句，如同打开了通往宇宙真理的大门，揭示了天人合一、自然法则的精髓。而后三句，则是对人类发出的警示，告诫我们要遵循宇宙的规律，与天地和谐共生。

"故道大，天大地大，人亦大。域中有四大，而人居其一焉。"这句话告诉我们，在宇宙的广阔领域中，道、天、地、人共同构成了四大基本要素。人类作为其中之一，与天地大道一样，拥有其独特的地位和价值。

"人法地，地法天，天法道，道法自然。"这里所描述的，是一种宇宙间层层递进、相互依存的关系。人类应当效法大地的承载与滋养，大地则顺应天时的变化，而天则遵循道的规律，道则最终回归于自然。这种天人合一的境界，是上帝赋予我们的旨意，让我们在天地的精气神中生长，与宇宙和谐共生。

在这个过程中，人类需要时刻保持敬畏之心，遵循自然规律，不违背宇宙的法则。只有这样，我们才能真正实现与天地合一，达到内心的和谐与平衡。同时，这也是对上帝旨意的最好回应，让我们在宇宙中留下属于自己的独特印记。

第九节 启蒙篇

当婴儿刚刚呱呱坠地，就大喊三声：咯啦，咯啦，咯啦。第一句喊咯啦，是感谢天；第二句喊咯啦，是感谢地；第三句喊咯啦，是感谢造物主。在婴儿的心目中，天是爹，地是妈，造物主是上帝，人类是天人合一。

质圣是天精，是收放天精的月亮，是观音菩萨。量圣是地气，是接收天精万物的地球，是三圣母。光圣是韵神，是传播上帝之光的太阳、宗主。父亲蕴含着坚韧的精神，母亲散发着温柔的气场，而孩子则继承并融合了父母的神韵与风采。

母亲是教导，是母爱；父亲是引导，是慈爱。孩子想得到的是母亲的疼爱，和父亲的认可，父母想得到儿女的是忠诚和孝顺。人哪人，总是会有那么一点点的欲望！毋庸置疑的是，健康长寿就是要保护好你身体的每一个部件，父精母血不可弃也。这就是天地人和之人类的地线，保护身体要从幼时开始。

第十节 寻找生命本源，建成康养之地

　　胸怀壮志的仁人志士，他们亦于内心吟咏："自信人生三百年，会当击水八万里"，以豪迈的情怀，踏入了深山的幽谷，平原的辽阔，乡村的宁静。然而，他们的选择却常被世人所不解，人们忙于争夺一口饭食，一枚铜币，一口气息，一块土地。何曾见过有人如此执着地追寻生命的真谛，坚守内心的自信？

　　然而，在那遥远的深山老林，原始的部落里，居住着一些与世隔绝的族群。他们说着古老的语言，传承着神秘的神话，坚守着养生的智慧，尊重生命的尊严，热爱生活的每一刻。他们传递的，是古老的定律和定理，那是先圣们的嘱托，是他们继承并传送的上帝之光。

　　那么，何谓上帝之光？那光，便是母爱。母，是生命的起源，是万物生成的源泉；爱，是生命的延续，是世间一切美好的动力。母爱，如同普照大地的阳光，温暖而恒久，它是人类社会发展的光环，是推动我们前

进的不竭力量。

　　这些仁人志士，他们走进深山，走进平原，走进乡村，便是为了追寻这上帝之光，为了寻找生命的真谛，为了坚守内心的自信。他们不为世俗所动，不为名利所诱，只为了心中的那份执着和追求。他们的存在，如同那深山中的清泉，虽不张扬，却清澈而深远，滋养着我们的心灵，启示着我们的前行之路。

生命

第捌篇

侃氏定理：
人类长寿之道与母爱之伟大

第一节 追寻母爱

在生命的最初，那深邃的母体中，胚胎悄然孕育。每日的成长，皆是母亲无声的奉献，她的爱，如同细雨滋润，悄然注入那幼小的灵魂。婴儿出，七窍开，羊水破，混沌死。什么是混沌？混沌是胎盘。什么是羊水？羊水就是含有精气神的婴儿生长素，也是胎盘血造就的，是母亲用意念产生来保护自己的孩子的。母爱是伟大的，胎盘和胎盘血是母爱生成的。

有些科学家研究胎盘和胎盘血，制造出养生延寿的最高级别良药。然而，他们却未曾发现，母爱早已渗透在每一个角落，活在每一缕精气神中。如今的人们，忙于工作学习，追求保养延寿，却往往忽视了那最本源的母爱。

打针吃药，或许能延寿数载，但那终究只是外在的助力。真正的长寿之道，却在于内心的精气神，上帝给了人们最好的长寿礼物就是精气神。人的本命元神，是自信与力量的源泉。在正常的情况下，人的寿命可达三百年之久。

母体中的婴儿，从受孕那一刻开始，他们就已开始使用这三息：一是爱息，二是神息，三是正常胎息。只要我们常常回想起母体中的温暖，回想起那孕育生命的羊水与胎盘，回想起那源源不断的母爱，我们便能感受到生命的奇迹与力量。那时，我们便会明白，真正的长寿，不在于外在的保养，而在于内心的精气神与母爱的滋养。

第二节 母亲的爱是伟大的

　　母亲的爱，宛如天籁之音，穿越时空的隧道，温暖着每一个生命的起点。男欢女爱的精源体，如同天地间最纯净的露水，悄然融入那存活的宫腔——那座孕育生命的精气神宫殿。当受精的瞬间来临，它便踏入这片神圣之地，从此被称作子宫。

　　母爱，何其伟大！她将自己的宫殿无私地让给了那幼小的胚胎，用自己的精气神，如同柔软的丝绒，包裹住那尚未成形的生命，使之化作胎盘，宛如生命的护盾，使婴儿在其中安然无恙，神气地生长。

　　那宫腔之内，充满了母爱的心血，每一滴羊水都蕴含着婴儿生长所需的爱息、神息、胎息。它们无声无息地滋养着那幼小的生命，让其在母爱的培育下茁壮成长。

　　每当人们想到母爱，心中便会涌起一股无尽的自信。那自信如同熊熊燃烧的火焰，照亮人生的道路，让人相信，即便面对再大的风浪，也能勇往直前。自信人生三百年，会当击水八万里，这便是母爱赋予我们的力量，让我们在生命的旅途中，无所畏惧，勇往直前。

第三节 母爱是人类社会发展的光环

本来上帝留给人类的宝贵时间，是婴儿出生三天以后才睁眼吃奶。在这三天中，婴儿将熟记熟用胎息之法，这样的话寿至三百年不是不可能的。可是婴儿在现今母爱的教导下，出生后刚一睁眼，想到的就是吃的本能，大点儿了就是争强好胜、明争暗斗的本能，成年后又是争名夺利的本能，所有这些欲望和本能都推动着人类高速地向前发展。社会发展得越快，人类减少的寿命就越多。医学进步了，寿命却一直停留在八十至一百岁之间。

那么怎样才能使自己的寿命延长，找回自信，找回自我，找回胎息，找回本命元神呢？只有学会屏蔽后天，才能启动先天；只有学会胎息，才能启动本源。

什么是本命元神？本命元神是母爱，母是生成，爱是延续，母爱是人类社会发展的终极光环。

精气神是万物激发潜能的调理生机的原动力。

《道德经》云：道生一，一生二，二生三，三生万物。万物负阴而抱阳，冲气以为和。

让我们：
携手与共，风雨同舟。
经天纬地，继往开来。
提纲挈领，执一统众。
观天之道，执天之行。

词曰：
天尊施法，建太阳系。
上帝定律，天人合一。
黑白两道，收放光合。
九宫八卦，阴阳太极。
南极北斗，七星环绕。
三六九层，君臣位置。
冰川时代，龟息神息。
母爱定理，现本世纪。
乾坤之道，不爱男女。
男女之道，不爱阴阳。
阴阳之道，不爱顺逆。
颠倒之术，太极之源。
经络脉络，自行旋转。
任督二脉，前后对冲。
屏蔽后天，启动先天。
找回自信，找回本源。
无为无我，天地人和。
无欲无望，本命元神。
灵性认知，时间空间。
万物之灵，天尊母爱。

第四节 守护健康，感恩生命之源

我们的生命之源，源于母亲和父亲的结合，孕育出我们独特的个体。而人的本命元神，更是上帝施予母爱的结晶。在受孕的那一刻起，我们便与胎息紧密相连，这胎息便是我们生命之始，是我们与上帝相连的纽带。

学会屏蔽后天、启动先天，其实就是在找回那份胎息的开始。找回练胎息的功法，便是找回了自己的本命元神，找回了上帝对人类深沉的爱。人类的肉体和灵魂，都是上帝慷慨赠予的礼物，我们能够健康长寿，便是对这份恩赐的知恩图报。

上帝是至高无上的神，他用其意念疏通我们的经络脉络，让全身血脉永远畅通。当我们神至则意随，意随则气到，气到则病除。让我们用健康长寿的生命，来报答上帝赐予我们的这份宝贵礼物。

健康长寿，不仅是对自己生命的珍视，更是对上帝恩赐的尊重和感恩。我们应该珍惜这份来之不易的生命，用心呵护，用爱滋养，让它在时间的洪流中，绽放出最美的光彩。

第五节 神光普照，
胎息回春——颂扬上帝之爱

世人传颂着这样的箴言："人有精神老变少，地有精神土生金。"那么，这所谓的精神，究竟是何方神圣？它便是那上帝之光，如涓涓细流，洒满大地，滋养着每一寸土地，每一个生灵。这光，无处不在，它照耀着我们的心田，引领我们前行。

当我们仰望苍穹，思绪万千，便会想到那至高无上的上帝。他赋予我们生命，让我们得以降临这美丽的人间。他的意愿，便是让我们健康长寿，享受这世间的美好。因此，我们心中应充满感恩，将这份上帝之光，带入我们追求长寿、健康的行列中。

我们要找回那久违的母爱，重学那古老的胎息之法。胎息，是生命的源泉，是健康的保障。只要我们用心去感受，去领悟，去实践，便能祛除百病，延年益寿。如此，我们方能真正回报上帝之爱，让生命之花绽放出更加绚烂的光彩。

上帝之爱，如同那上药三品——神、气、精，滋养着我们的身心。在母亲怀孕时，上帝便用意念教会了每一个胎儿混元胎息之法。这是生命的奥秘，是健康的密码。我们只需时刻运用此法，保护自身，便能拥有健康长寿的人生。

让我们心怀感恩，颂扬上帝之爱。让我们重学胎息，回归生命的本源。如此，我们便能在这神光普照的大地上，活出真我，活出精彩，活出健康长寿的人生。

结 束 语

  上帝曾为人类描绘了一幅宁静祥美的画卷,生活其中的人们无欲无求,与龟同寿,和谐共生。然而,随着社会的车轮滚滚向前,人类的脚步逐渐加快,与自然的融合变成了矛盾与争斗的交织。气候变迁,自然风貌的更迭,早已超越了"一方水土养一方人"的原有定义。在这个多元文化的世界中,我们肩负着共同的使命——为人类的健康与长寿,献计献策,贡献自己的绵薄之力。

  让我们携手并进,共同描绘一个充满生活气息、回归大自然的返璞归真的世界。这个世界,既有诗情画意的景致,又有观天之道、执天之行的智慧。我们要提纲挈领,执一统众,根据各地的气候与地势,建立起区域性的康养生活一体化体系。在这样的康养之城中,神到意到,意到气到,气到病除。气血相随,筋随气长,生命在这里绽放出最本真的光彩。

  风雨同舟,我们共同迈向这个充满生活气息的和谐世界。这里,大自然的怀抱温暖而宽广,人类与万物共生共荣。我们要携手建立一个共同发展的美好社会,为全人类的福祉做出更大的贡献。让和谐美好的上帝之光普照大地，为世界各地的人们带来希望与温暖。

为了探寻长生不老的奥秘，我们要借助现代最先进的科学仪器和医疗设备，以及最优秀的医生队伍。我们要检验全世界各民族的传统养生方法，挖掘民间的秘方，为人类大健康事业贡献自己的力量。同时，我们也要验证世界各地的传统养生尊生、爱生延生的长寿之道，为构建一个共同发展的美好世界而努力。

自信人生三百年，我们有着坚定的信念和无尽的勇气。会当击水八万里，我们敢于挑战未知，勇往直前。那么，什么是上帝之光呢？它便是那无私的母爱，生成万物，延续生命。母爱是人类社会发展的光环，照亮我们前行的道路，引领我们走向更加美好的未来。

让我们携手共进，在上帝之光的照耀下，为人类的健康与长寿、为世界的和谐与发展，不断奋斗、砥砺前行！

老子学院成立花絮

1、世界第一所老子学院在悉尼建立

世界第一所老子学院经澳大利亚政府批准于2009年9月23日正式成立，并于2009年12月1日在悉尼举办了启动仪式。老子学院的宗旨是向全球传播以老子学说为重点内容的中国传统文化，包括生态学、生存学、生命学、养生学等与人类息息相关的中国古代科学，以提高人类的生存质量，推动和谐世界的构建。

2、悉尼老子学院简史

2001年，澳大利亚乔治教育集团成立。

2002年，澳大利亚乔治教育集团经澳大利亚政府批准开办澳大利亚国立学院，开设高等专科、高中及英语课程。

2007年，为弘扬中华传统文化，乔治教育集团特派董事会董事祝守文先生回中国考察，与国学研究专家王者悦先生，道学研究专家祝守明先生，成立国学研究小组，经过近两年对博大精深的中华文化精细深入的研究探讨，取得了卓越的成果。

2009年9月23日，澳大利亚政府正式批准成立悉尼老子学院。

2009年12月1日，悉尼老子学院举行首任院长就职典礼。

2009年12月6日，《老来乐》杂志社大力宣传报道悉尼老子学院的建立。

2010年1月1日，《老来乐》杂志新年特刊隆重报道悉尼老子学院的建立。

2010年1月10日，组成科研小组，编写《老子告诉人类——2012年不是世界末日》。

2010年1月13日，赴北京研究中国传统文化和道家学说相关教材选定与出版事宜。

2010年1月13日至27日，应邀派出专家小组赴中国海南省四川大学老子研究院、海南医学院等单位作有关中华传统文化和老子学说的学术报告。

2010年2月28日，在北京举行悉尼老子学院学术委员会首次会议，研究、探讨、筹备首届国际老子高峰论坛事宜。

2010年2月，悉尼老子学院获得澳大利亚政府批准，筹建国学学士学位课程，筹建委员会同时成立，澳方由澳大利亚国立学院院长Kristine Shead及多位教育专家组成。

2010年2月，悉尼老子学院获得暨南大学的鼎力支持，共同编纂国学学士学位课程教科书。

2010年2月，在长春组织人员研究参加中国哈尔滨工业大学90年校庆相关事宜。

2010年2月28日，悉尼老子学院特别科研报告《老子告诉人类——2012年不是世界末日》按计划完成初稿编纂工作。

2010年2月7日，派人赴沈阳洽谈在美国和德国联合办学等事宜。

2010年2月8日，派人赴沈阳洽谈与东北大学联合办学等事宜。

2010年2月10日，派人赴广州暨南大学进行校际合作洽谈事宜。

2010年2月16日，完成悉尼老子学院学术委员会教材编纂及教材资料收集工作。

2010年3月2日至10日，应邀派出专家小组赴宁波进行学术交流活动。

2010年3月11日，悉尼老子学院特别科研报告《老子告诉人类——2012年不是世界末日》书稿送到北京，报告进入修订阶段。

2010年3月22日至27日，派人再赴广州暨南大学进行校际合作洽谈事宜。

诠释深邃精妙的《道德经》是一项浩瀚的系统工程，对中华文化在全人类的传播将有不可估量的推动作用。这项伟大的教育事业需要政府部门及各方有识之士的积极参与和大力支持。让我们大家共同努力，成就历史使命，在这座历史丰碑下留下我们的足迹！

（王者悦教授在悉尼老子学院院长就职典礼上的讲话全文刊登如下）

尊敬的徐衍芬董事长，尊敬的中外朋友们：

我受到澳籍华人教育家，澳大利亚乔治教育集团董事长，太平绅士徐衍芬博士的盛情邀请，从白雪皑皑的遥远的中国北方，来到这南半球绿意盎然，阳光和煦的美丽城市悉尼，出席我的就职典礼，我感到十分荣幸和高兴！

我想，悉尼老子学院的建立，应该是当代人类社会发展的一件大事。因为老子学院的办院宗旨是向全人类传播和宣传以老子的道家学说为主要组成部分的中华传统文化。

中华传统文化的核心内容是什么呢？我认为是由四个方面的思想元素构成，即生态观、生命观、生存观和养生观。简而言之，以人为本，防患避险，生命第一，健康至上。

在这种核心思想的指导下，几千年来在中国形成了底蕴深厚的中华医药和丰富多彩的中华饮食。这两朵奇葩，目前正为全人类的幸福发挥着独特的作用。作为中华文化的坚固基石，老子学说不但对自然界有超越的洞察，而且对人类社会的各种事业，避免失败，走向成功，有着导航的作用。老子学院会禀承老子学的智慧，指引那些在创业的艰辛中前进的人们走向成功，让已经获得成功的人士更加辉煌。

老子《道德经》第六十四章曰："其安易持，其未兆是谋——为之于未有，治之于未乱"。传承到《黄帝内经》中，即是"不治已病治未病，不治已乱治未乱"。治未病和治未乱的思想是何等的光辉！这是人类社会走向康庄，实现大同的必由之路。

老子有如一座灯塔，穿越几千年的时空，放射着和谐之光。在这束巨光的照耀下，中华民族才得以凝聚，才得以壮大，才得以发展！

正如中国近代著名诗人闻一多诗云：长江黄河都流淌着和谐。悉尼老子学院的建立，就是要把和谐从长江黄河流向太平洋，流向大西洋，流向全世界！老子学院的建立，就是要充分展示中华文化的魅力，为全人类的平安和幸福致力奉献！

老子申张和谐，面对今天世界风云多变的情势，我们更加深刻地理解中国国家主席胡锦涛先生极力倡导的构建和谐社会和构建和谐世界的深厚的历史渊源和伟大的现实意义！

我们也十分赞赏具有远见卓识的澳大利亚政府总理陆克文先生提出的要学习中国文化和中国语言的非凡倡导！

　　作为悉尼老子学院的首任院长，我将竭尽全力地聚拢世界各地的老子学学者，让他（她）们像雄鹰一样，翱翔在世界的蓝天白云之上，把和谐洒向整个地球村！而悉尼老子学院，也必将成为他（她）们起飞的航母！

　　最后，我由衷地感谢徐衍芬董事长对我的信任和厚望！也由衷地感谢众多的中外朋友对悉尼老子学院的支持和鼓励！

　　谢谢大家！

王者悦

2009 年 12 月 1 日于悉尼

（注：老子学院的成立在华人界引起强烈反响，各大媒体纷纷进行了报道，包括新报、星岛日报、澳洲日报等均有报道。）

澳洲新报

星岛日报

澳洲日报

笔者：文峰衍圣
澳大利亚文特沃斯高等教育集团
澳大利亚乔治教育集团
澳大利亚铂特里克教育集团
悉尼老子学院

2023年10月1日于澳大利亚悉尼